AF313122

LE POÈTE SOCIALISTE

Eugène POTTIER

ANCIEN MEMBRE DE LA COMMUNE

PAR

P. ARGYRIADÈS

PARIS

A L'ADMINISTRATION DE LA " QUESTION SOCIALE "

5, Boulevard Saint-Michel, 5

Et aux bureaux du *Socialiste*, 17, rue du Croissant

1888

LE POÈTE SOCIALISTE

EUGÈNE POTTIER

ANCIEN MEMBRE DE LA COMMUNE

PAR

P. ARGYRIADÈS

PARIS

A L'ADMINISTRATION DE LA " QUESTION SOCIALE "

5, Boulevard Saint-Michel, 5

Et aux bureaux du *Socialiste*, 17, rue du Croissant

—

1888

Il a été tiré de cette brochure DEUX CENTS exemplaires sur papier de Hollande numérotés et paraphés.

N°

AVANT-PROPOS

Ayant intimement connu Pottier, nous étions à même d'apprécier toutes les qualités de son cœur et de son intelligence.

Nous avons voulu par cet opuscule donner une idée du caractère et du talent de notre regretté ami et coreligionnaire.

Parmi les poésies de son œuvre nous avons cueilli quelques fleurs dont nous formons un bouquet que nous déposons sur la tombe du chantre de la Révolution Sociale.

Tous les socialistes sans distinction d'école ont suivi Eugène Pottier à sa dernière demeure.

Ses obsèques ont été indignement troublées par les mandarins qui nous gouvernent.

Nous reproduisons ici l'article que nous avons publié à cette occasion dans la *Voix du Peuple* :

Les bandits qui nous gouvernent grâce à l'avachissement universel, viennent encore de donner la mesure de leur républicanisme.

Toutes les turpitudes de leur vie privée et toutes les trahisons de leur vie publique ne leur suffisent pas ; ils violent maintenant par la force brutale, le droit le plus sacré et le plus inviolable : celui qu'on a de conduire un ami à sa dernière demeure.

Des amis du grand poète Eugène Pottier s'étaient rassemblés à la maison mortuaire pour accompagner ce grand dévouement, ce grand cœur jusqu'à sa tombe. Pendant qu'ils attendaient paisiblement le convoi, les sbires de Rouvier et Cie, sans aucune provocation, se précipitèrent sur eux, bousculant les uns, arrêtant les autres et se livrant à des brutalités de toutes sortes. L'Empire, malgré toute son ignominie, n'a jamais donné un spectacle aussi révoltant dans de telles circonstances.

C'était le cas de s'écrier comme Pottier l'a fait dans la *Question Sociale*, lors du 14ᵉ anniversaire de la Commune :

A L'ASSASSIN !

Le tigre est lâché, le roussin
Court sabre au clair. À l'assassin !
Il chasse, il renverse, il arrête,
Il tue à coup de casse-tête,
La baïonnette est de la fête,
Commune sonne le tocsin !
A l'assassin.
A l'assassin
Jetant ses reflets sur l'herbe qui bouge,
Voici qu'apparaît notre drapeau rouge,
Ce drapeau de l'égalité
Réveille chez eux la férocité.
A l'assassin, etc.

Le drapeau rouge n'avait cependant pas fait son apparition lorsque les argousins de Rouvier se sont attaqués aux socialistes, sans rime ni raison.

Pourquoi donc cette sortie violente ? Pourquoi cet arbitraire sans nom ? Pourquoi ce plagiat de l'Empire ? Parce que les hommes qui nous gouvernent ne diffèrent de ceux de l'Empire que par l'étiquette trompeuse qu'ils ont prise pour s'emparer du pouvoir.

Parce qu'étant des escrocs et des forbans de tout acabit, ils ne peuvent agir qu'en criminels, foulant aux pieds toutes les lois.

Parce qu'ils veulent, par leurs excitations, arriver à produire une émeute et *saigner un peu Paris* selon leur expression.

C'en serait fait de la France s'il n'y avait que des Français de leur espèce, mais heureusement, il n'en est pas ainsi, et l'exemple du grand citoyen dont nous pleurons aujourd'hui la perte, nous prouve qu'il y a encore dans le peuple français des hommes pouvant être, non seulement utiles à leur nation, mais prêts à servir par leur grand cœur, par leur généreux sentiments cristallisés dans des rimes d'airain, la cause de l'humanité.

EUGÈNE POTTIER

Pottier naquit à Paris en 1816 de parents pauvres. Son père, ouvrier emballeur, suffisant à peine aux besoins de la famille, il fut contraint de s'adonner au travail manuel.

Cependant l'artiste ne tarda pas à s'éveiller en lui, il apprit le dessin sur étoffe et fonda même quelque temps après la chambre syndicale des dessinateurs sur étoffe.

A ce moment il commençait à écrire des chansons pleines de jeunesse et de vigueur ; son cœur se passionnait pour la liberté, son cerveau était déjà plein d'idées nouvelles, et comme il l'a dit plus tard dans une de ses poésies...

« Il avait soif d'un avenir nouveau. »

Aussi le retrouvons-nous en 1848 derrière les barricades, au milieu du peuple. Plus tard, il fut délégué au Comité Central, et travailla avec activité à la préparation de la Commune, dont il fut élu membre par 3,352 voix sur 3,600 votants, aux élections complémentaires d'avril.

Comme membre de la Commune, Pottier s'est occupé tout particulièrement de la cause des pauvres au service de laquelle il avait déjà voué son intelligence et sa vie. Aussi le voyons-nous s'associer à toutes les mesures prises en faveur des prolétaires, telles que les décrets sur la conscription, sur les loyers, le Mont de Piété et la formation du Comité du Salut public.

Lors de l'entrée des Versaillais à Paris, Pottier, après s'être battu jusqu'au dernier jour de la lutte, se réfugia aux Etats-Unis.

Revenu à Paris après l'amnistie, il lui était impossible, par raison de santé, de continuer son métier de dessinateur sur étoffe dans lequel il excellait.

Un refroidissement contracté quelque temps auparavant lors d'un voyage en Ecosse, lui avait presque paralysé une partie du corps. Il en souffrait beaucoup et pouvait à peine marcher. Nous eûmes l'idée de le faire recommander au docteur Charcot qui, grâce à sa manière de traiter les maladies nerveuses par l'électricité, réussit à soulager considérablement les souffrances du vieux poète.

La maladie d'un côté et la misère de l'autre, voilà le lot de ce lutteur, de ce caractère inflexible que rien ne décourageait, et qui jusqu'à son lit de mort élevait la voix en faveur des déshérités et des opprimés.

Les hommes généreux, ceux qui poursuivent la réalisation d'une idée émancipatrice quelconque, sont voués d'avance à la misère, et à mille autres souffrances tant morales que matérielles.

Seuls les fripons, les charlatans, les intrigants et les égoïstes triomphent dans cette société anarchique.

Malgré sa maladie, Pottier était toujours présent. aux assemblées et fêtes populaires qu'il présidait bien souvent.

Il se plaisait è y voir et à y entendre les avant-gardes du socialisme moderne prêcher la *bonne nouvelle* de la Révolution Sociale. Son cœur en tressaillait et son inspiration y puisait les accents admirables de ses immortelles strophes.

La vie de Pottier, n'a donc été que luttes et misère.

Bon, doux, modeste, le pauvre vieux poète avait à peine le nécessaire pour vivre et faire vivre sa femme et ses filles qu'il adorait.

Il s'oubliait lui-même, ne songeant qu'au bonheur des siens.

C'est ainsi qu'en notre présence, il répondait un jour à un

ami soutenant que beaucoup de grands hommes n'étaient appréciés qu'après leur mort :

« Je me tuerais, si je savais qu'après moi, la vente de mes œuvres pourrait procurer une heureuse existence à ma famille ! »

C'est de cet homme, de ce grand poète méconnu, que Pierre Dupont disait en parlant à G. Nadaud : « C'en est un qui nous *dégote* tous les deux. »

Pottier mourut le 6 novembre 1887.

L'instruction universitaire avec sa détestable routine, aurait été peut-être, un obstacle au développement et à l'originalité de l'intelligence de Pottier. Mais, esprit d'élite, il était parvenu, grâce à un travail assidu accompli pendant ses moments de loisir, à acquérir des connaissances très étendues.

Qu'on nous permette de citer ici une lettre qu'il nous adressa à l'occasion de la publication du quatrième numéro de la *Question Sociale* et qui fait ressortir sa culture scientifique et intellectuelle.

Nous la donnons en entier car elle est curieuse sur plus d'un point.

Cher Citoyen,

Je vous adresse la *Terreur Blanche*. Je réserve pour le numéro suivant : le *Mur de Charonne*.

Votre quatrième numéro me plaît beaucoup. Votre article : Collectivisme ou Communisme est d'une haute portée.

La Révolution dans la médecine demanderait plus de développement.

« *L'Autonomie selon la Science* » est un article fort bien fait. J'emprunterai cependant au dictionnaire de Fourier un mot de critique, il est simpliste : il tient compte de l'action que l'individu exerce sur son milieu, c'est l'autonomie ; mais il tient peu de compte de l'action bien plus profonde que le milieu exerce sur l'individu, c'est là solidarité. Il est vrai que les anarchistes grisés de l'idée de liberté sans limites en arrivent presque par esprit de système à nier cette influence du milieu qui cependant est la loi de la vie, qui de la phase inorganique passe aux échelons de la vie organique par l'action d'une affinité réciproque. Mais je m'emballe dans des remarques dogmatiques et je vous en fais grâce ; vous savez cela aussi bien que moi car vous êtes communiste comme moi, ce qui ne nous empêche pas d'être l'un et l'autre anarchistes tant il est vrai que nos querelles sont surtout des querelles de mots, de mots mal définis. (1)

Le *Chant du Soldat socialiste* est fort beau comme tout ce que j'ai lu de Souètre.

A ce propos je vous signale pour ne pas être accusé de plagiat que j'ai une pièce très ressemblante, inédite encore, qui a pour titre : *Crosse en l'air le troubade !*

Il y a en outre dans votre numéro des détails fort intéressants sur le mouvement Révolutionnaire des deux mondes. De tout cela je conclus, cher citoyen, qu'il faut que vous travailliez rudement pour arriver à temps tous les mois.

Je souhaite à la *Question Sociale* à celle sur papier rose et à celle aux pages maculées de sang de la réalité un éclatant triomphe, et je vous serre la main ainsi que celle de vos collaborateurs.

A vous et à celle qui n'est pas morte.

Le Résurrectionniste, EUGÈNE POTTIER.

Les critiques que Pottier adresse à l'auteur de *l'Autonomie selon la science* sont celles d'un vrai savant.

La bonne foi, avec laquelle il admire la poésie de Souètre, un autre poète de race du Parnasse socialiste, nous fait voir sa grandeur d'âme, ce qui nous repose un peu de tous les Trissotins et Vadius du monde bourgeois.

Pottier fut un homme de génie. Ses poésies ont une origina-

___

(1) Ceci est tellement vrai que j'ai souvent posé ce dilemne aux anarchistes : ou ils admettent une organisation quelconque ou ils n'en admettent pas. S'ils en admettent une, ils seront forcés au lendemain de la Révolution et sans notre intervention, d'admettre l'organisation collectiviste parce que les besoins nouveaux et la raison elle-même la leur imposeront. Quant à ceux des anarchistes qui n'admettent aucune espèce d'organisation sociale, qu'ils nous permettent de leur dire, qu'ils ont l'anarchie dans leur cerveau.

P. A.

lité, une finesse remarquables, elles resteront tant qu'il y aura une littérature sur terre. Le poète a de ces échappées sublimes qu'on chercherait vainement, nous osons le dire, chez Victor Hugo lui-même parce que Pottier a plus de naturel que l'auteur des *Châtiments*.

Qu'on médite un peu cette lamentation Shakespearienne qu'il a faite au lendemain du 2 Décembre :

QUI LA VENGERA ?

La République est morte,
Dans sa bière on la porte,
Je suis son fossoyeur
Qui donc, mon Dieu ! la vengera ?
Je suis son fossoyeur
Et j'enterre mon cœur !
La verra qui vivra !
J'attends là qu'elle sorte,
La verra qui vivra !
La terre enfantera !
Le marteau chantera !
Le travail fleurira !
La rose rougira !

. . . .

L'expression part du fond de l'âme chez le poète socialiste et saisit le cœur. On croit entendre les sanglots de la douleur lorsqu'on lit :

Qui donc, mon Dieu ! la vengera ?

Pottier fut le poète prolétarien par excellence, le chantre et le vengeur de la misère, il empoigne en vrai coloriste par ses navrantes descriptions.

. . . .
« Montez voir ma niche fétide,
« Une boîte de crevaison,
« Là, mes petits, l'estomac vide
« Dans l'air respirent le poison,

« Pêle-mêle garçons et filles
« Grouillent en tas dans ce coin nu.
« Pas de pudeur pour les guenilles.
« C'est pour nous un luxe inconnu.

Et cette poésie que nous citons en entier :

JEAN LEBRAS

Jean Lebras fut un pauvre hère
Issu de pauvres père et mère,
    Par accident
    A leur corps défendant
L'amour a triché la misère.
    Jean Lebras.
    Pauvre Jean Lebras !
Un jour tu te reposeras !

Sans métier poussant dans la gêne
Homme, il devint homme de peine
    Peine en tout point
    Car de dimanche point,
Ce fut pour lui toujours semaine.
    Jean Lebras, etc.

Il eut pour surcroît de besogne,
Sœur idiote et père ivrogne,
    Au bout le bout
    Peut-on suffire à tout ?
Sur le pain, le sommeil on rogne.
    Jean Lebras, etc.

Pour un salaire des plus maigres,
Il passa ses jours les plus aigres
    En vrai cheval
    Chez un gros libéral
—Son patron plaignait fort les nègres.—
    Jean Lebras, etc.

Tout en courant, mangeant sa miche
De son mal il n'était pas chiche…
    Se sentant vieux,
    Il devint envieux…
Du chien qui dormait dans sa niche.
    Jean Lebras, etc.

Il n'eut pas l'amour qui soulage.
Un lourd colis dans un roulage
    Raide étendu
    Coucha l'individu.
On coud sa toile d'emballage.
    Jean Lebras,
    Pauvre Jean Lebras !
Enfin tu te reposeras !

Quelle touche, quelle observation et quelle couleur dans cette seule poésie, et quelle ironie amère à l'égard du patron « *qui plaignait fort les nègres.* »

Pottier a vraiment de la grandeur lorsque, s'érigeant en vengeur des révolutionnaires d'antan, il apostrophe et flétrit ceux qui, tout en appartenant à la classe pourrie qui nous gouverne, évoquent les noms des héros de la grande Révolution. Son indignation éclate avec une force extraordinaire, lorsqu'il écrit :

LE 21 JANVIER

En ce grand jour où l'on punit un traître,
Est-ce une extase ou le rêve d'un fou ?
Je vois Marat et Babœuf apparaître
La lame au cœur et l'auréole au cou !
— Ah ! dit Marat, monde usé, tu t'affaisses !
Fils des Titans, qu'êtes-vous ? des bourgeois !
N'évoquez plus vos morts, tas de Jean-Fesses
Vous n'avez pas guillotiné vos rois.

Avec l'ironie et la souplesse de style qui lui sont propres,
Pottier raille et fustige l'égoïsme et la poltronnerie des bourgeois imbéciles qui n'admettent chez l'homme ni la généro-
sité, ni la poursuite d'un idéal quelconque, les partisans,
en un mot, du *laissez faire, laissez passer.*

DON QUICHOTTE

Rencontrant la chaine des bagnes,
Le plus grand héros des Espagnes,
Don Quichotte, accourt, lance au poing !
Sancho voudrait n'en être point !
L'argousin fuit ; le fou sublime
Des fers arrache une victime.
— « Monsieur, disait Sancho Pança,
« Laissez donc la chaîne au forçat !

— « Ami Sancho, je fais mon œuvre,
« Ce vieux forçat, c'est le manœuvre,
« Outil dans sa rouille ébréché,
« Et d'un vil salaire emmanché.
« L'argent, ce maître sans entrailles...
« L'use, puis le jette aux ferrailles.
— « Monsieur, disait Sancho Pança,
« Laissez donc la chaîne au forçat !

. . . .
. . . .

Ce qu'on remarque encore de particulier chez le tyrtée révolutionnaire, c'est que là, où d'autres auraient désespéré de faire de la poésie, il en fait avec une grâce infinie. Nous voulons parler de ses poésies sociales. La science aride de l'économie sociale a enfin trouvé son poète.

L'ENGORGEMENT

Document pour la Commission des 44

On lit : Faillite et fermeture
Du plus vaste des entrepôts.
C'était le dock de la chaussure
Ayant vingt comptoirs et dépôts.

Grâce à cette déconfiture,
Arrêt dans les cuirs et les peaux ;
Chômage à la manufacture,
Et mille estomacs en repos.

Bourgeois quand d'ordre tu jabottes
Ces monts de souliers et de bottes
Sans acheteurs sont entassés.

Et dans la fange de tes rues
Traîne en savates incongrues,
Le régiment des mal-chaussés.

LE QUATRIÈME ÉTAT

I

Le roi, le clergé, la noblesse,
Furent vaincus par les bourgeois,
Au pouvoir monta la richesse
Le Tiers-Etat bâcla des lois,
Il se gave et le peuple crève,
Aussi, pour un dernier combat,
Devant l'Etat bourgeois se lève
    Le Quatrième-Etat.

II

Le Quatrième-Etat se forme,
Ce sont les gueux, les pauvres gens ;
Nous tous enfin, la masse énorme
Des ouvriers, des paysans.
On nous prend tout : l'outil, la terre
L'usure par cet attentat,
A fait esclave et prolétaire
    Le Quatrième-Etat !

III

Car, de quoi vit-il ? D'un peut-être.
Il doit, louant sa force à bail,
Jour à jour se trouver un maître
Ou mourir, faute de travail.
Il prend le peu qu'on lui propose
Pour son salaire, et ce contrat,
C'est la loi d'airain qui l'impose
     Au Quatrième-Etat.

IV

Son garde-chiourme est la famine ;
Il vit pis que les criminels
Dans les noirs cachots de la mine,
Dans les bagnes industriels.
L'outillage changeant de base
Le vapeur le fait son forçat
Et sous la machine elle écrase
     Le Quatrième Etat.

V

Le juge vendu suit sa piste ;
Le prêtre encense les écus,
Laquais-mouchard, le journaliste
Dénonce et salit les vaincus.
S'il se débat dans l'agonie,
On saoûle police et soldat
Et l'on massacre et calomnie
     Le Quatrième Etat.

VI

C'est assez ! En rang camarades !
Par l'étude il faut nous mûrir !
Au vote ou sur les barricades
Savoir vaincre ou savoir mourir.
Soyons la force, étant la masse !
Misère arme ton syndicat
Et l'éboulement fera place
     Au Quatrième Etat.

VII

A bas les juifs ! à bas les corses !
Tu veux puissante égalité,
Socialiser toutes forces,
Capital et propriété,
Ta formule est juste et précise :
« Abolir le salariat
« Rendre la nature indivise
     « Au Quatrième Etat ».

VIII

Elle viendra notre journée !
Partout où s'étend le ciel bleu,
Va faire alors une tournée,
Beau drapeau rouge aux plis de feu !
Tout fiévreux de la grande flamme,
Réalisons notre mandat
Toi, Révolution, proclame
     Le Quatrième Etat.

IX

Alors abolissons les classes,
Partageons devoirs et plaisirs
Reposez-vous, épaules lasses,
La vapeur vous fait des loisirs.
La matière entre dans sa gloire :
Nous mangeons tous au même plat ;
Et Pantagruel verse à boire
     Au Quatrième Etat.

« Les chants révolutionnaires de Pottier, dit Rochefort,

« sont de ceux qui raisonnent, qui vous saisissent au cœur
« autant qu'au cerveau et dont l'accent pénètre. »

La pénétration en est telle, qu'on se sent envahir par un sentiment de colère et de haine contre ceux qui nient la question sociale.

> « Quoi ! n'avoir pas le nécessaire
> « En trimant plus que du bétail !
> « Quoi ! la mort de faim, la misère
> « Voilà les fruits du sur-travail !
> « Et l'imbécilité ventrue
> « Ose émettre un doute insolent.
> « Mais ceux qui crèvent dans la rue,
> « Triples bourgeois, font-ils semblant.
>
> « Aussi j'ai faim dans les entrailles.
> « Dans le cœur et dans le cerveau ;
> « J'ai vu mes propres funérailles,
> « J'ai faim d'un avenir nouveau.
> « Comme un roulement d'avalanche
> « Mon chant réveillera les sourds,
> « Quand le clairon de la revanche
> « Sonnera dans nos vieux faubourgs. »

L'élévation de l'esprit de Pottier apparaît dans toutes ses œuvres, le penseur s'y révèle à chaque instant. Il faut lire tout ce que Pottier a écrit pour l'apprécier à sa juste valeur.

Étant matérialiste dans le domaine économique, Pottier l'est à plus forte raison dans celui de la philosophie. Les croyances religieuses qui ont fait tant de mal à l'humanité n'ont pas eu de plus mortel ennemi.

Et si Proudhon a dit : « *Dieu, c'est le mal* », Pottier se conforme au conseil de Voltaire qui disait : « *Écrasons l'infâme !* »

Voyez avec quelle assurance notre poète frappe et démolit l'idole Dieu :

LA TOILE D'ARAIGNÉE

De sa rosace immense encombrant le ciel bleu
Il est un monstre amorphe, intangible et farouche,
Ce cauchemar du vide affole ce qu'il touche
Et répand un venin qui met la terre en feu.

Ce parasite ignore et le temps et le lieu,
Rend l'univers bancal et la nature louche,
Et liant la raison comme une faible mouche
Il lui boit le cerveau. Ce vampire, c'est Dieu !

Ce néant a fourbi les griffes de nos maitres,
De sa chiasse immonde il enfanta les prêtres,
Il barre de ses fils nos paradis déçus.

Homme, n'attends pas d'être englué dans ses toiles,
Et, crevant ce haillon qui s'accroche aux étoiles,
Déniche l'araignée et mets le pied dessus !

New-York, 1875.

Voici un autre sonnet du genre :

LA DESCENTE DE CROIX

La science étant apparue,
Dit Jésus, je lâche la croix !
Au profit du pape et des rois,
J'ai fait assez le pied de grue.

J'étouffe en vos dogmes étroits ;
Je suis un homme de la rue
Pour la Commune toute crue.
Je ne l'ai pas mâché, je crois !

Ah ! vous vous dites mes apôtres,
Crétins crétinisant les autres ;
Châtreurs de peuple, boute-feu,

Laissez-moi partir, valetaille ;
Car pour être votre bon Dieu,
Je ne suis pas assez canaille !

Boston, 1873.

Pottier, en vrai *résurrectionniste* de la Commune, a composé en son honneur plus d'un chef-d'œuvre où il montre que le sang des fédérés n'a pas été perdu pour la cause sociale, et si la Révolution, dont les martyrs en tombant criaient :

« Vive l'humanité », a laissé des souvenirs profonds parmi le peuple et contribué énormément à la propagande du socialisme dans tous les pays du monde, c'est que :

LA COMMUNE A PASSÉ PAR LA

La lutte a dépavé la rue,
Et décimé les bataillons ;
L'Egalité suit sa charrue
Pour fouiller au cœur des sillons.
Ce fut une hécatombe immense ;
Mais partout où le sang coula,
Nous voyons germer la semence...
La Commune a passé par là !......

Le Congrès dit : « Je revendique
« Sol, mines et fruits, canal et rail,
« Télégraphe, steamer, fabrique,
« Les grands instruments de travail.
« Pour la production géante,
« Socialisons tout cela,
« Biffons la classe fainéante...
« La Commune a passé par là.

Etats-Unis et vieille Europe,
Le Travail ouvre ses Congrès,
La Science a pris la varlope,
Les marteaux forgent le Progrès.
Au soleil l'avenir se trame,
Plus de frontières pour cela ;
Les peuples n'ont plus qu'un programme
La Commune a passé par là !

Les cerveaux boivent la lumière,
Elle grandit les travailleurs ;
Dans l'atelier, dans la chaumière ;
Ils sont plus instruits et meilleurs.
Lorsqu'au fond du plus pauvre bouge
On crie : « O grand jour te voilà ! »
C'est qu'ils rêvent du drapeau rouge,
La Commune a passé par là !

La Commune, d'après le poète, vit encore, et c'est en vain qu'en 1871 on a jonché de 40,000 cadavres les rues de Paris.

ELLE N'EST PAS MORTE

On l'a tuée à coups d' Chass'pot,
   A coups de mitrailleuse ;
Et roulée avec son drapeau
   Dans la fosse argileuse ;
Et la tourbe des bourreaux gras
   Se croyait la plus forte ;
Tout ça n'empêch'pas,
    Nicolas,
Qu' la Commun' n'est pas morte !

On a bien fusillé Varlin,
   Flourens, Duval, Millière,
Ferré, Rigault, Tony Mœlin,
   Graissé le cimetière ;
On croyait lui couper le bras
   Et lui vider l'aorte
Tout ça n'empêch'pas,
    Nicolas,
Qu' la Commun' n'est pas morte !

Les Figaristes — Policiers
   Marchands d'ignominies
Ont répandu sur nos charniers
   Leurs flots de calomnies,
Les Maxim' Ducamp, les Dumas
   Ont vomi leur eau forte.
Tout ça n'empêche pas
    Nicolas,
Qu' la Commun' n'est pas morte !

C'est la hache de Damoclès
   Qui plane sur leurs têtes ;
A l'enterrement de Vallès
   Ils en étaient tous bêtes
Fait est qu'on était un vrai tas
   A lui servir d'escorte
C' qui vous prouve en tout cas
    Nicolas,
Qu' la Commun' n'est pas morte !

Avec nos femmes en bouquets,
   Et malgré la misère,
Nous fêtons dans nos gais banquets
   Le grand anniversaire :
Et la police a le nez bas
   D'vant les toasts qu'on y porte,
C' qui vous prouv' en tous cas,
    Nicolas,
Qu' la Commun' n'est pas morte !

Ce qu'il y a d'étonnant chez le poète socialiste, c'est que malgré son âge — il avait plus de 70 ans — son talent avait conservé une verdeur et une lucidité remarquables.

Le souffle, la netteté et l'enthousiasme qu'on rencontre dans ses dernières poésies, ont étonné ceux qui les ont lues.

Présentant un jour Pottier à un de nos amis militants de Reims, celui-ci fut étonné de se trouver en présence d'un vieillard. Lisant ses poésies dans les journaux, il supposait, vu la verve et l'énergie du poète, qu'il devait être très jeune. Ceci est si vrai, que la poésie qu'il écrivit sur son lit de mort, son chant du cygne, pour ainsi dire, est d'une construction si puissante et d'une inspiration si forte, qu'on hésite à croire qu'elle fut faite par un vieillard malade, quelques jours avant sa mort.

MOLOCH BAAL

A bas Moloch ! l'idole infâme,
Dieu du machinisme étouffant ;
Ce monstre dévore la femme,
Ce monstre dévore l'enfant !

Moloch, le dieu de l'Industrie,
A dit à l'homme de nos jours :
« Moi, je ne connais ni patrie
« Ni famille ; j'ai faim toujours.
« A moi tes muscles, ton échine ;
« Sans assouvir mes appétits
« Tu vas jeter sous ma machine
« Ta ménagère et tes petits.

Que parle-t-il, ce siècle avide.
De la famille et du foyer ?
Le foyer mort, la maison vide,
Sont l'ouvrage de l'usurier.
Il ne veut ni cœur, ni cervelle ;
Cela ne porte aucun profit.
Pour tourner une manivelle
Une main de six ans suffit.

Moloch pour temple a la Fabrique,
Là règne un supplice nouveau :
C'est un cyclone épileptique
Qui vous déprime le cerveau,
C'est une chiourme qu'on surmène ;
Bientôt les financiers vauriens
Auront fait de la race humaine
Un troupeau de galériens.

La vapeur y rugit sans cesse,
Guettant la blouse et le haillon.
L'homme happé par la vitesse
S'engloutit dans le tourbillon.
Chaque jour y creuse une fosse ;
Sans pitié pour l'être futur
Le ventre de la femme grosse
Livre à tout péril son fruit mûr.

Femme, y dit le patron prospère,
Tu m'as confié trois héros,
Tes trois amours : Fils, époux, père ;
Ce soir je t'en rends les morceaux.
Mais comme on n'admet que mes preuves
De tout reproche je m'absous ;
Le tribunal répond aux veuves :
C'est de leur faute, ils étaient soûls.

Mais l'homme de nos jours se lève ;
S'armant pour un terrible choc;
Il souffle au clairon de la grève ;
Compagnons, renversons Moloch !
Car je ne veux plus qu'on immole
A son culte l'humanité !
Je veux sur l'autel de l'idole
Placer la Solidarité.

A bas Moloch ! l'idole infâme,
Dieu du machinisme étouffant ;
Ce monstre dévore la femme,
Ce monstre dévore l'enfant !

Nous l'avons déjà dit : la qualité propre à l'œuvre de
Pottier, est de s'attacher aux grands problèmes sociaux qui
agitent notre siècle, et tout en stigmatisant en des rimes

sanglantes les crimes des exploiteurs, d'indiquer la solution inévitable.

Après les exemples du génie de Pottier que nous avons cités, nous pouvons dire avec le *Socialiste* :

« En même temps que comme autant de flèches d'or, ses
« vers clouent à l'éternel pilori de l'art, les tortures de l'hu-
« manité ouvrière, Pottier, — et c'est là la caractéristique
« de son génie — coule en rimes superbes les données de la
« science sociale.

« Ce vengeur est un éducateur. Notre but, nos moyens —
« la lutte de classe, l'organisation d'un prolétariat conscient
« pour l'expropriation capitaliste et l'appropriation sociale
« — sont le fond de son œuvre, appelée à grandir avec le
« mouvement communiste qui emporte irrésistiblement le
« monde moderne. »

Pour terminer cet essai d'étude sur Pottier, nous citerons l'épitaphe qu'il fit à Blanqui, le Prométhée moderne, et qui est un chef-d'œuvre de laconisme et de vérité.

> Contre une classe sans entrailles,
> Luttant pour le peuple sans pain,
> Il eût, vivant, quatre murailles,
> Mort, quatre planches de sapin.

BIBLIOGRAPHIE

Les poésies de Pottier se trouvent réunies dans deux volumes :

Quel est le Fou ?

Chants Révolutionnaires ;

En outre, Pottier a publié plusieurs autres opuscules.

Il donna des poésies à la *Revue Socialiste*, à la *Question Sociale,* au *Cri du Peuple,* au *Socialiste,* etc.

Du vivant de Pottier, plusieurs écrivains ont fait des études sur ses œuvres. Nous citerons entre autres celles de Vallès, de Rochefort, de Benoît Malon dans le *Progrès Français*, de Jean Lombard dans la *Revue Provinciale*, de G. Nadaud qui fit la préface du volume *Quel est le fou*, de Sarcey, etc.

Il y a environ six mois lors de la publication des *Chants Révolutionnaires* de Pottier, Rochefort écrivit un article que nous reproduisons ici en entier :

EUGÈNE POTTIER

« Un écrivain qui probablement voyait tout en rose a émis cet aphorisme :

« Quand on a du talent rien n'est plus difficile que de rester inconnu. »

« Il serait singulièrement aisé de démontrer tout ce que contient de fantaisie cette assertion d'ailleurs dénuée de sens, attendu que tant que vous en avez, vous cessez d'être inconnu.

« Mais les Français, et vraisemblablement les autres peuples, ne croient guère qu'aux réputations qu'ils ont faites eux-mêmes. Je pourrais citer Barye et Millet, c'est-à-dire le plus grand sculpteur, et peut-être le plus grand peintre du siècle, morts pauvres tous deux, après avoir vécu non pas seulement dans la gêne, mais dans la misère. On me répondra que Millet et Barye n'étaient pas inconnus ; qu'ils étaient méconnus, discutés, injuriés même : ce qui est essentiellement différent.

« Le poète, disons-le : le grand poète dont vous allez lire les chansons, n'a pas eu à se défendre n'ayant jamais été attaqué. Comme le public, moi aussi, dont c'est la profession de suivre le mouvement politique et littéraire de mon époque, j'ignorais Eugène Pottier, il y a seulement quinze jours. Des amis, ses anciens compagnons d'exil me répétaient que c'était un admirable chansonnier, d'une grandeur incomparable et d'une pureté de style qu'on essaierait en vain d'extraire des flacons d'orgeat que Béranger a servis pendant vingt-cinq ans à ses contemporains ; je refusais de me rendre et de m'éclairer. Je disais :

« S'il est si fort que cela, comment diable n'en ai-je entendu parler ? On m'a presque mis le volume sur la gorge. Je connais Pottier maintenant, et je suis bien obligé de faire amende honorable et devant lui et devant le public, à qui c'est notre devoir de dire, en voyant passer un écrivain de race : *Ecce homo !*

« Celui-là a dû encaisser bien des désillusions et des déboires, car nous sommes en 1887, et ses premières chansons datent d'avant 1848. Quand on est jeune et qu'on se sent puissant du cerveau, on rit de ses premières déconvenues et des haussements d'épaule des éditeurs. On pense :

" Il faudra bien qu'ils y viennent " !

« Pour Pottier, ils n'y sont pas venus, et toute sa vie s'est écoulée dans l'attente d'une réparation que nous lui devons tous et que, pour ma part, aussi coupable que les autres, je lui offre bien sincèrement ici. Et pourtant, ses *Chants Révolutionnaires* sont de ceux qui résonnent, qui vous saisissent au cœur autant qu'au cerveau et dont l'accent pénètre. Jules Vallès, qui l'avait connu à la Commune, dont ils étaient membres l'un et l'autre, a tenté de dissiper l'ombre dans laquelle s'était perdue l'œuvre de Pottier. Il écrivait de lui en 1883 :

« Ses vers ne frappent pas sur le bouclier d'Austerlitz ou le poitrail
« des cuirassiers de Waterloo ; ils ne s'envolent pas d'un coup d'aile
« sur la montagne où Olympio rêve et gémit. Ils ne se perchent ni sur
« la crinière des casques, ni sur la crête des nuées ; ils restent dans la
« rue, la rue pauvre.

« Mais je ne sais pas si quelques-uns des cris que pousse du coin
« de la borne, ce Juvénal de faubourg, n'ont pas une éloquence
« aussi poignante, et même ne donnent pas une émotion plus juste
« que les plus admirables strophes des *Châtiments.* »

« Peut-être ne crut-on qu'a un élan de camaraderie. Le fait est que ces lignes éloquentes restèrent presque sans écho et le poète retomba dans la nuit, vieux, malade, presque paralysé et pauvre jusqu'au dénûment. La coupe de l'injustice a débordé, et il est temps que ce poète prenne son rang à côté de ceux qu'on lit, qu'on relit et qu'on cite.

« Qu'on déguste ces quelques strophes du premier morceau. *Jean Misère.*

Décharné, de haillons vêtu,
Fou de fièvre, au coin d'une impasse,
Jean Misère s'est abattu.
« Douleur, dit-il, n'es-tu pas lasse ?
     Ah ! mais...
Ça ne finira donc jamais ?. .

Pas un astre et pas un ami !
La place est déserte et perdue,
S'il faisait sec j'aurais dormi,
Il pleut de la neige fondue.
     Ah ! mais ..
Ça ne finira donc jamais ?...

Malheur ! ils nous font la leçon,
Ils prêchent l'ordre et la famille ;
Leur guerre a tué mon garçon,
Leur luxe a débauché ma fille !
     Ah ! mais...
Ça ne finira donc jamais ?...

De ces détrousseurs inhumains,
L'Église bénit les sacoches ;
Et leur bon Dieu nous tient les mains
Pendant qu'on fouille dans nos poches.
     Ah ! mais...
Ça ne finira donc jamais ?...

« N'est-ce pas profond comme Lamennais et coloré comme Ribeira.

« Les chants écrits sous l'Empire sont d'une indignation relativement calme et presque philosophique.

« Après les massacres de 1871, le vieux combattant a senti la poudre et tout le sang répandu lui est remonté à la gorge. Ah ! les Versaillais peuvent être tranquilles.

« Leur mémoire ne périra pas. Ils ont trouvé leur Juvénal :

Ici fut l'abattoir, le charnier ! — Les victimes
Roulaient de ce mur d'angle à la grand'fosse en bas.
Les bouchers tassaient là tous nos morts anonymes,
Sans prévoir l'avenir que l'on n'enterre pas.
Pendant quinze ans, Paris fidèle camarade,
Déposa sa couronne au champ des massacrés.
    Qu'on élève une barricade
    Pour monument aux Fédérés !

« Mais le volume va paraître, et il parlera mieux que moi. Si j'avais pu contribuer à révéler le vieux Pottier au peuple, j'éprouverais cette joie intense d'un explorateur dont le coup de pioche a mis à nu un beau marbre enfoui depuis longtemps, et qui le remonte à la lumière.

« Henri Rochefort »

Voici ce que nous écrivions nous-mêmes avant Rochefort dans le dernier numéro de la *Question Sociale*.

UN GRAND POÈTE SOCIALISTE

Le Figaro, dans un de ses derniers numéros littéraires, consacre un article sur la poésie socialiste-révolutionnaire. L'auteur de cet article tombe, comme on le pense bien, à bras raccourcis sur les poètes socialistes et sur leurs productions.

Nous aurions été surpris du contraire. Cependant, il est un poète sur lequel le littérateur figariste n'insiste pas trop, car, malgré le parti pris, il aurait été forcé, comme l'ont fait déjà les littérateurs bourgeois, de lui reconnaître du talent : c'est notre collaborateur et ami Eugène Pottier.

En effet, parmi les poésies de Pottier, on rencontre de vrais chefs-d'œuvre, et par rapport à celles-là, j'ose le dire, il est supérieur par la pensée à Béranger, et égal à La Fontaine.

Avec une originalité qui lui est propre, il emploie contre la classe des exploiteurs tantôt l'ironie et le sarcasme, et tantôt l'indignation, mais l'indignation sincère et féconde de l'homme qui sacrifie tout à son idée.

Pottier est le poète socialiste par excellence. Et socialiste de bon aloi. On peut dire de lui qu'il a devancé son siècle, tellement il frappe et étonne par la nouveauté de ses idées.

Imp. Générale, Achard et Cⁱᵉ, rue Chevalier-Rose, 3 et 5.

LE SOCIALISTE

Organe du parti ouvrier. Rédaction et administration : 17, rue du Croissant
Abonnements : 3 mois, 1 fr. 50 ; 6 mois, 3 fr. ; 1 an, 6 fr.

Le Poète socialiste **Eugène POTTIER**, ancien membre de la Commune, par P. ARGYRIADÈS, prix : 0 fr. 50.

Se trouve en dépôt :

EN FRANCE : à Paris, aux bureaux du *Socialiste*, 17, rue du Croissant, à la librairie des Deux-Mondes, 17, rue de Loos, et aux Galeries de l'Odéon. — A Marseille, chez Mme Dumont, rue Noailles, à la librairie de la Joliette, 80, boulevard des Dames, et à la librairie Générale, quai du Port. — A Nîmes, à la buvette du Printemps, cours de l'amiral Courbet. — A Orléans, chez Bonnardot, libraire. — A Reims, aux bureaux de la *Défense des Travailleurs*. — A Montluçon, chez Jean Dormoy. — A Lille et à Roubaix, chez Carette, libraire, 104, rue de l'Alma. — A Denain, chez Basly. — A Bordeaux, à la Chambre syndicale des ouvriers faïenciers, rue Bourbon, 25.

EN ITALIE : à Turin, chez Rossi Daniele, 25, via San Secondo.

EN SUISSE : à Zurich (Nottingen) aux bureaux du *Social démokrat*.

EN ANGLETERRE : à Londres, aux bureaux *Of the Justice*.

EN BELGIQUE : à Ververs, chez Emile Piette, bouquiniste, 10, rue Hondimont.

EN ROUMANIE : à Bucarest, aux bureaux du *Romanulu*.

EN GRÈCE : à Athènes, aux bureaux du *Arden*.

EN ESPAGNE : à Barcelone, chez Amich Muria, 78, cale Saint-Pavlo, piso 2°.

AUX ETATS-UNIS : à New-York, chez Brentanno's, 5, Union Square. — A Chicago, chez Hirchberger, aux bureaux du *Fackel*, 107, Fith avenue.

A HAÏTI : à Port-au-Prince, chez Chancy, libraire.

On fait une remise de 50 0/0 à tous les groupes socialistes et Chambres syndicales qui en demanderont au moins cinq exemplaires.

S'adresser à l'auteur, *1, rue Paradis*, Marseille.

OUVRAGES DU MÊME AUTEUR

La Peine de Mort considérée au point de vue philosophique, moral, légal et pratique (épuisé).

La Question Sociale, revue des idées socialistes et du mouvement révolutionnaire des Deux-Mondes (1er volume, janvier-décembre 1885). Ce recueil paru sous la direction de P. Argyriadès contient des articles de Karl Marx, Blanqui, Elisée Reclus, Jules Guesde, Paul Lafargue, E. Pottier, G. Lefrançais, Louise Michel, Jehan, Le Vagre, O. Soudre, P. Argyriadès, A. Goullé, L.-V. Meunier, etc., etc.

Volume de 264 pages (prix : 2 fr. 50) en vente à Paris, aux bureaux du *Socialiste*, 17, rue du Croissant et à la librairie des Deux-Mondes, 17, rue de Loos.